AF564722

चक्रव्यूह

[कविता-संग्रह]

चक्रव्यूह

कुँवर नारायण

राधाकृष्ण प्रकाशन

ISBN : 978-81-7119-192-5

चक्रव्यूह

पहला संस्करण : 1956
पहला राधाकृष्ण संस्करण : 1995
दूसरा संस्करण : 2011
This book is printed on **Print on Demand** Technology : 2026

मूल्य : ₹495

प्रकाशक
राधाकृष्ण प्रकाशन प्राइवेट लिमिटेड
जी-17, जगतपुरी, दिल्ली-110 051

शाखाएँ : अशोक राजपथ, साइंस कॉलेज के सामने, पटना-800 006
पहली मंजिल, दरबारी बिल्डिंग, महात्मा गांधी मार्ग, प्रयागराज-211 001
1, अनमोल सोराबजी संतुक लेन, धोबी तलाव, मरीन लाइंस, मुम्बई-400 002
वेबसाइट : www.radhakrishnaprakashan.com
ई-मेल : info@radhakrishnaprakashan.com

CHAKRAVAYUH
Poems by Kunwar Narain

चक्रव्यूह

अनुक्रम

प्रथम खंड

लिपटी परछाइयाँ

द्वितीय खंड

चिटके स्वप्न

तृतीय खंड

शीशे का कवच

चतुर्थ खंड

चक्रव्यूह

माध्यम

वस्तु और वस्तु के बीच भाषा है
जो हमें अलग करती है,
मेरे और तुम्हारे बीच एक मौन है
जो किसी अखंडता में हमको मिलाता है
एक दृष्टि है जो संसार से अलग
असंख्य सपनों को झेलती है,
एक असन्तुष्ट चेतना है जो आवेश में पागलों की तरह
भाषा को वस्तु मान, तोड़-फोड़ कर
अपने एकान्त में बिखरा लेती है
और फिर किसी सिसकते बालक की तरह कातर हो
भाषा के उन्हीं टुकड़ों को पुनः
अपने स्खलित मन में समेटती है, सँजोती है,
और जीवन को किसी नए अर्थ में प्रतिष्ठित करती है।

जीवन से वही मेल रोज़-रोज़ धीरे-धीरे,
कर न दे मलिन
आत्मदर्पण अति परिचय से;
ऊब से, थकन से, बचा रहे...
रहने दो अविज्ञात बहुत कुछ...

चाँद और सूनी रातों का बूढ़ा कंकाल,
कुछ मुर्दा लकीरें

कुछ गिनी-चुनी तसवीरें,
जो मैं तुम्हें देता हूँ
पुरानी चौहद्दी की सीमा-रेखाएँ हैं,
पर मैं प्रकाश का वह अन्तःकेन्द्र हूँ
जिससे गिरनेवाली वस्तुओं की छायाएँ बदल सकती हैं!
हाड़-सी बिजलियों की तरह अकस्मात्
अपनी पंक्तियों में भभककर
मैं संसार को नंगा ही नहीं करता,
बल्कि अस्तित्व को दूसरे अर्थों में भी प्रकाशित करता हूँ

मेरे काव्य के इन मानस परोक्षों से
एक अपना आकाश रचो,
मेरे असन्तुष्ट शब्दों को लो
और कला के इस विदीर्ण पूर्वग्रह मात्र को
सौन्दर्य का कोई नया कलेवर दो,
(क्योंकि यही एक माध्यम है जो सदा अक्षुण्ण है)
शब्दों से घनिष्ठता बढ़ने दो
कि उनकी एक अस्फुट लहक तुम्हारे सौम्य को छू ले
और तुम्हारी विशालता मेरे अदेय को समझे :

स्वयंसिद्ध आनन्द के प्रौढ़ आलिंगन में
समा जाए ऋचाओं की गूँज-सा आर्यलोक,
पूजा के दूब-सी कोमल नीहार-धुली
दुधमुँही नई-नई संसृति को
बाल-मानवता के स्वाभाविक सपनों तक आने दो...
एक सात्विक शान्ति
प्रभात के सहज वैभव में थम जाए,
असह्य सौन्दर्य विस्मय की परिधि में
अकुला दे प्राणों को मीठे-मीठे...
ऐ अजान,

तुम तक यदि मेरा भावोद्वेल पहुँचे,
तो इस कोलाहल को अपने आकाशों में भरसक अपनाना;
तुम्हें आश्चर्य होगा यह जानकर

कि कवि तुम हो...
और मैं केवल कुछ निस्पृह तत्त्वों का एक नया समावेश,
तुम्हारी कल्पना के आस-पास मँडलाता हुआ
जीवन की सम्भावनाओं का एक दृढ़ संकेत...

प्रथम खंड

लिपटी परछाइयाँ

लिपटी परछाइयाँ

उन परछाइयों को,
जो अभी अभी चाँद की रसवंत गागर से गिर
चाँदनी में सनी
खिड़की पर लुढ़क पड़ी थीं,
किसने बटोरा?

चमकीले फूलों से भरा
तारों का लबालब कटोरा
किसने शिशु-पलकों पर उलट दिया
अभी अभी?

किसने झकझोरा दूर उस तरु से
असंख्य परी हासों को?
कौन मुस्करा गई
वन-लोक के अरचित स्वर्ग में
वसन्त-विद्या के सुमन-अक्षर बिखरा गई?
पवन की गदोलियाँ कोमल थपकियों से
तन-मन दुलरा गईं?

इसी पुलक नींद दे
ऐ मायाविनी रात,

न जाने किस करवट ये स्वप्न बदल जाएँ!
माँ के वक्षस्थल से लगकर शिशु सोए,
अनमोहे जाने कब
दूरी के आह्वान-द्वार खुल जाएँ।

धब्बे और तस्वीर

वह चित्र भी झूठा नहीं :

तब प्रेम बचपन ही सही
संसार ही जब खेल था,
तब दर्द था सागर नहीं,
लहरों बसा उद्वेल था;

पर रंग वह छूटा नहीं :

उस प्यार में कुंठा न थी
तुम आग जिसमें भर गए,
तुम वह जहाँ कटुता न थी
उस खेल में छल कर गए;

मैं हँस दिया, रूठा नहीं :

उस चोट के अन्दाज़ में
जो मिल गया, अपवाद था,
उस तिलमिलाती जाग में,
जो मिट गया, उन्माद था,

जो रह गया, टूटा नहीं :

अभाव के प्रतिरूप ही
संसृति नया वैभव बनी,
हर दर्द के अनुरूप ही
सागर बना, गागर बनी,

कच्ची तरह फूटा नहीं :

खोकर हृदय उससे अधिक
कुछ आत्मा ने पा लिया,
विक्षोभ को सौन्दर्य कर
संसार पर बिखरा दिया :

दे ही गया, लूटा नहीं।

नीली सतह पर

सुख की अनंग पुनरावृत्तियों में,
जीवन की मोहक परिस्थितियों में,
कहाँ वे सन्तोष
जिन्हें आत्मा द्वारा चाहा जाता है?

शीघ्र थक जाती देह की तृप्ति में,
शीघ्र जग पड़ती व्यथा की सुप्ति में,
कहाँ वे परितोष
जिन्हें सपनों में पाया जाता है?

आत्मा व्योम की ओर उठती रही,
देह पंगु मिट्टी की ओर गिरती रही,
कहाँ वह सामर्थ्य
जिसे दैवी शरीरों में गाया जाता है?

पर मैं जानता हूँ कि
किसी अन्देशे के भयानक किनारे पर बैठा जो मैं
आकाश की निस्सीम नीली सतह पर तैरती
इन असंख्य सीपियों को देख रहा हूँ
डूब जाने को तत्पर
ये सभी किसी जुए की फेंकी हुई कौड़ियाँ हैं
जो अभी-अभी बटोर ली जाएँगी :

फिर भी
किसी सन्देशे से आशान्वित
ये एक असम्भव बूँद के लिए खुली हैं,
और हमारे पास उन अनन्त ज्योति-संकेतों को भेजती हैं
जिनसे आकाश नहीं
धरती की ग़रीब मिट्टी को सजाया जाता है।

ओस-नहाई रात

ओस-नहाई रात
गीली सकुचती आशंक,
अपने अंग पर शशि-ज्योति की सन्दिग्ध चादर डाल,
देखो
आ रही है व्योमगंगा से निकल
इस ओर
झुरमुट में सँवरने को...दबे पाँवों
कि उसको यों
अव्यवस्थित ही
कहीं आँखें न मग में घेर लें
लोलुप सितारों की।

प्रथम बरसात का निथरा खुला आकाश,
पावस के पवन में डगमगाता
टहनियों का संयमित वीरान,
गूँजती सहसा किसी बेनींद पक्षी की कुहुक
इस सनसनी को बेधती निर्बाध,
दूर तिरते छिन्न बादल...
स्वप्न के ज्यों मिट रहे आकार
सहसा चेतना में अधमिटे ही थम गए हों :

कामना,
कुछ व्यथा,
भावों की सुनहली उमस,
चंचल कल्पना,
यह रात और एकान्त...

छन्द की निश्चित गठन-से जब सभी सामान जुट आए
फिर भला उस याद ही ने क्या बिगाड़ा था
...कि वो न आती?

सागर के किनारे

इस रात
सागर के किनारे
हम इसी विश्वास से चल रहे हैं
कि वहाँ
चाँदनी में विहार करती
जल-परियों को देखेंगे :

उस भुरभुरी बालू पर
जहाँ लहरों की तरलता नाच चुकी होगी
हम बैठेंगे
गुमसुम
चुपचाप
उसी सुकुमार दृश्य से घुले-मिले :

और तभी सागर की रहस्य-क्रोड़ से निकलेगी
नीली रुपहली परियों की झिलमिलाती माया,
विलासी रंगरलियाँ,
उनकी दिव्य वासनाओं का अशरीर सम्भोग,
जिन्हें हम आज देखेंगे,
और जिस सौन्दर्य-समर्पण की एक निष्काम स्मृति-जगमगाहट
एक मीठा स्वप्न-बोझ ही रह जाएगी...
कल

इनके मन पर
जब ये मिचमिचाती लहरें चकित-सी जागेंगी...
जब इनके गुलाबी चेहरों की चटखती ताज़गी में
मुस्कराएँगी छिपी प्रेम-लीलाएँ :
और जिसका राज़
केवल हम तुम जानेंगे।

छोटा-सा उत्सव

प्रिय, इन आँखों के नीले एकान्त में
प्यार के अनकहे भावों को उमगने दो;

कुछ भी न बोलें हम,
बिलकुल न डोलें हम,
केवल दो जूही-से
जीवन-प्रदेश में
फूलें और महकें हम :

अपने उछाह के निजी वसन्त में
निर्निमेष एक हर्ष
पुष्पित उद्‌गारों का
नयनों में नाच उठे,
भूलें औ' बहकें हम :

जब यह छोटा-सा उत्सव बुझ जाएगा,
साथ हम समय की बहती हुई धारा में
मिलकर बह जाएँगे :
किन्हीं अजनबी विदाओं के पतझर में,
सपनों के ढहते अटम्बर से टूटकर,
इसी अँधकार संग जीवन-सीमाओं से
दूर ढुलक जाएँगे :

कारक सुन्दरता के मूल बीज तेजस्वी,
मिट्टी की मोदमयी गोद बीच ओजस्वी,
युगों से, यही एक परिचय है जीवन का,–
प्राणों-से-प्राणों तक
प्रतिक्षण जो आया है।

मैं था? न था?

कितना गहन
हर एक क्षण,

कितना कसा
जीवन बसा,

कितना वज़न
हर एक कण,

कितना नशा
हर मन दशा,

कुछ बच सकेगा?
जँच सकेगा?

याद भी
शायद कभी...

क्या थी कथा?
क्या थी व्यथा?

मैं था?
न था?

तुम नहीं

नारकीय देह के जो कमनीय स्वर्गपिंड,
जुगनुओं की झिलमिलाती देह-आभाओं के बीच
यदि तुम्हें मैं अद्वितीय कह भी दूँ
तो शायद वह मेरे चाह की छाया होगी,
तुम नहीं :

भौगोलिक दृष्टि से दुनियाँ दुनियाँ ही है,
फिर भी यदि तुम्हें मैं
एक नभ-तारा कहूँ,
तो वह शायद मेरी दृष्टि की सृष्टि होगी
तुम नहीं :

देखो, अजानी दिशाओं से
जो एक ज्योतिर्मय कल्पना आकर अँधेरे ढूहों पर छा गई है
और घोर कालिमा में उज्ज्वल रेशे पिरो गई,
सम्भव है मेरे सपनों की सजीवता हो,
तुम नहीं :

यह जो एक अस्पष्ट सौन्दर्य
सहसा मेरी प्यासी आँखों में छलक आया,
ओंठों से दूर,
सम्भव है रेत के किसी वीरान प्याले में

झूमती हुई मरीचिका हो,
तुम नहीं :

प्रकाश के रंगीन झरने
जो असम्भव ऊँचाइयों से गिर रहे हैं
पत्थर को गुदगुदाकर,
एक तरह संगीत जगाकर,
कहीं दूर चले जाएँगे,
और तब मैं बन्द आँखों के अपार अन्धकार में
झूलते हुए अपने ही चित्रों को नोचकर कहूँगा
कि सब कुछ
शायद मेरे उन्माद की छाया थी,
तुम नहीं।

तैरते तिनके

शरद की सम्पन्न चाँदी रात
बिखराए प्रकृति की सम्पदाएँ रुधिर के अति पास,
करतीं चंचला लहरें गगन के कुमकुमों से बात
असफल रोकतीं अपने हृदय के उमड़ते उल्लास :

पड़े कानों में दबे
दो खगों के कल्लोल,
जाने कौन सी पीड़ा
अचानक गए मन में घोल :

भीगे दृगों में किस नीड़ के ये तैरते तिनके
समाहित हो नहीं पाते?
न जाने किस व्यथा के मूल आँसू आज भी संचित
हृदय में रुक नहीं पाते :

और मैंने स्वर्ग का वह प्रकृति-हिंडोला
पुनः निज व्यथा भर देखा;
उसे भी, छीनती जो स्वर्ग पृथ्वी से,
हमारी दृष्टियों में क्षितिज-सी रेखा।

अनभूला दर्द

मैं जानता हूँ आज ये गान नहीं सँवरेंगे।

सागर के फेनिल उच्छ्वास शान्ति लाते हैं।
घूमता हूँ अनमना
कि इस तन्मय जलखंड की अहरह सलिलता
कर्कश कगारों की अखरन की छेंक ले,
व्योम-व्याप्त/भूमि पास
कण-कण को लिपटाए कातर आलोक का
अस्त-व्यस्त ढारस स्वर
मेरे आमोदहीन अन्तर में रम जाए
और वह चिकोटता प्रतिपल बेस्वाद दर्द
शान्ति में अनूदित हो/तम-पट पर उतर आए :

पर क्यों इस ऊर्ध्वमान लक्ष्य की तराई में
सीली-सी आर्द्रता?
दीख रहे मेघों की फूटी पपड़ियों तले
लाल अनपुरे घाव?
रूखे पाषाणों की काई जमी दरारों में
छिपकली-सी चेतना?
काल की चपेटों से छिला दरदरा वाह्य,
सिसक रही वेदना?

नहीं, आज जीवन के स्वप्न नहीं ठहरेंगे,
मैं जानता हूँ
आज ये गान नहीं सँवरेंगे।

चाह का आकाश

मेरे स्नेह की संक्षिप्त ऋतु के लहलहाते फूल
मुझसे दूर जो नक्षत्र बनकर रहे नभ में झूल,
सिक्ता सेज पर बैठी वियोगिन चन्द्रआनन रात
कातर, जो भिगोती जा रही है प्रकृति का मृदु गीत :

यदि यही था झूठ सच-सा प्यार...

भुनगे जो छिपा अभिप्राय लेते वनस्पति में खोज,
जो मकरन्द और पराग यौवन का उमड़ता ओज,
बजता साँस के स्वर धमनियों में ज़िन्दगी का राग,
लिखता त्वचा पर जिन झुर्रियों में समय निज अनुराग।

यदि यही अस्तित्व का आधार...

तो रचूँगा फिर तुम्हें एक बार,
प्रिय, रचूँगा फिर तुम्हें एक बार :

कल्पना में नई अभिलाषा बसाऊँगा,
प्यार की कोई न परिभाषा बनाऊँगा :

चाँदनी में धुला चन्दन-महल लाकर
स्वप्न के संग व्योमगंगा में डुबा कर,

फाड़ कंचन-बादलों के उड़ रहे फानूस,
कहकर गरल कवि सौन्दर्य का पीयूष,
प्रिय मिटा दूँगा तुम्हें एक बार,
फिर रचाऊँगा तुम्हें एक बार :

तब कहूँगा : "यदि मिटा दो फूल तो कंटक नहीं है,
है सृजन का लक्ष्य मैथुन, स्वप्न आवश्यक नहीं है"

और तत्पर इन्हीं कुसुमित नर्म बाहों में,
मदन से प्रेरित रुधिर की गर्म चाहों में,

हड्डियों पर लोथड़ों के बने आलय में,
वास्तविक उपयोग के स्पष्ट आशय में :

प्रिय, बसाऊँगा तुम्हें एक बार,
नई माया के तुम्हें दे रूप
फिर सजाऊँगा प्रिये एक बार।

उपक्रम और व्यतिक्रम

मैं तत्पर,
तुम तैयार,

फिर सौन्दर्य क्यों
अड़चन का पारावार?

वसन्त तो उपक्रम है :
क्या पता था
मनहूस है रूमानियत,
पोच है इन्सानियत,
पशु से भी कम है!

यह भी क्या प्यार है...
अच्छा अन्धकार है...
कि फूल की पंखुरी मना की तर्जनी,
हौंसला आधा हो!
तम की लपेट में नखत पाँति वर्जनी,
चाँद एक बाधा हो!

शूर्पणखा

रुधिर-सी सन्ध्या टपकती थी,
पहाड़ी के उरोजों पर
सुलगती फाँक-सा चुप क्षितिज
होता जा रहा था बन्द,
अलसते बादलों पर लाल काली सिकुड़नों का राज़
गहरा था,
झुका आसक्त कटि पर थक चुका आलोक
ठहरा था :

...तभी मुझमें कहीं कवि कौतुक जगा,
दबे दुख ने बढ़ बटोरे,
प्रकृति के लावण्यमय उपमान,
उनको दिया नारी रूप,
चुन कर एक सुन्दरता सँवारी
और उसकी नग्नता को हया से ढाँका,
सुहावन वासना का रूप
मादक दृष्टि से आँका...
उठा कर रख दिया सम्पूर्ण दर्पण चाह का
उस स्वप्न के अनुरूप।

तभी मेरे निकट बोला
फड़फड़ा कर एक पंछी, "उहुँक";

मन में चुभ गई आक्षेप की वह चिहुँक :

रूठी साँझ के शृंगार बिखरे
और कुलटा रात हँस कर छा गई,
अवतंस
किरणों में पिरोई कुछ नखत मणियाँ
गिरीं जो टूट कर
वह पा गई।

थके पंख

आज सूक्ष्म के आलोड़न में
क्यों कल्पना निश्शंक नहीं?
किन चाहों से दूषित हारा
अन्तर अब अकलंक नहीं?

क्यों आवाहन करते नभ का
मर आतुर पंख नहीं?
नक्षत्रों के आलिंगन में
क्यों वेदना मयंक नहीं?

पस्त हृदय में भरती जाती
प्रतिदिन कैसी परवशता?
झलक रही क्यों गत चित्रों के
कंचन बीच अकिंचनता?
कहाँ गया उत्साह अपरिमित
जिसने स्वर्ग रचा था?
हाय कहाँ डूबा जाता है
जो उद्गार बचा था?

क्यों उदास होते जाते हैं दिन दिन मेरे गीत?
क्यों न शक्ति पतिता मिट्टी को कर पा रही पुनीत?

धारिणी

तुम्हारे पलकों की सरल छाया में
अभय विश्वास एक,
"कि तुम मिट्टी हो पर जन्मदात्री,
पथबोध अज्ञाता, परन्तु यात्री,
नर सेवित बीज-कुंड, नर शिशु की धात्री :"
अवसाद की घनी बदलियों में
तड़पती तड़ित सेना दुराग्रही
किसी योजना को अनर्थ रौंदती
आक्षितिज?
ऋतुपूजित पुष्पवाण
अविलोकित रहे वक्ष वींध :
युद्ध का आमंत्रण स्पष्ट है :
पुरुष की मर्यादा करती स्वीकार उसे :
गुँथते दुर्द्धर्ष दो उत्तेजित उपमानित :
अंगों से फूट रहीं अनगिन चिनगारियाँ :
हो परास्त
माँग रही शरणागत अभयदान :
जीवनधन अजिर कोष
आशुतोष मैं प्रसन्न हूँ कुबेर,
समझौता बिना शर्त,
जीत
यही प्राणदान।

देह के फूल

यह विकल क्षण, जन्म को आतुर,
उचित तम खोजता
रक्ताभ कोरक के विनश्वर गर्भ में;
अनुकूल है ऋतु का खुला अभिप्राय :

कर्म रत हो,
स्वप्न मत देखो,
कहीं उन्माद रह जाए न भौरों का
निरर्थक गीत उद्दीपन!

इस गली के छोर पर बुनियाद डालो :
कोठरी में दीप की लौ
सेंकती ठंढा अँधेरा,
इन्हीं पर्तों में कहीं सोया हुआ है
रूप का गोरा सवेरा :

तुम किसी के भाग्य से आक्रान्त हो :
दे दो भविष्यत् जो कहीं तुममें छिपा है...
अंग उत्तेजित समर्पित,
सुलभ है इस द्रव्य का
प्रज्ज्वलित आहुति-द्वार...

सृजन के क्षण

रात मीठी चाँदनी है,
मोन की चादर तनी है,

एक चेहरा? या कटोरा सोम मेरे हाथ में!
दो नयन? या नखतवाले व्योम मेरे हाथ में?

प्रकृति कोई कामिनी है?
या चमकती नागिनी है?

रूप-सागर कब किसी की चाह में मैले हुए?
ये सुवासित केश मेरी बाँह पर फैले हुए :

ज्योति में छाया बनी है,
देह से छाया घनी है,

वासना के ज्वार उठ उठ चन्द्रमा तक खिंच रहे,
ओंठ पाकर ओंठ मदिरा सागरों से सिंच रहे;

सृष्टि तुमसे माँगनी है
क्यों कि यह जीवन ऋणी है,

वह मचलती-सी नजर उन्माद से नहला रही,
वह लिपटती बाँह नस नस आग से सहला रही,

प्यार से छाया सनी है,
गर्भ से छाया धनी है,

दामिनी की कसमसाहट से जलद जैसे चिटकता...
रौंदता हर अंग प्रतिपल फूट कर आवेग बहता।

एक मुझमें रागिनी है
जो कि तुमसे जागनी है।

आशय

आमाशय,
यौनाशय,
गर्भाशय,...
जिसकी ज़िन्दगी का यही आशय,
यही इतना भोग्य,
कितना सुखी है वह,
भाग्य उसका ईर्ष्या के योग्य!

हाय, पर मेरे कलपते प्राण,
तुमको मिला कैसी चेतना का विषम जीवन मान?
जिसकी इन्द्रियों से परे
जाग्रत हैं अनेकों भूख!

स्मृति-मणि

अँधेरे कुन्तलों में
लहर खाती रात
मानो सर्प लाखों कुंडली मारे;
सितारे, रतन-ज्योतिस्नात
चुभ तिमिर में चमचमाते बिन्दु।

वासुकी सन्दल महल में
बन्द निद्रा के किवाड़े,
खोल वातायन सुमन के
ढीठ परियाँ झाँकतीं;

उन कपोलों और अधरों का
मधुर स्पर्श पाकर
वक्ष के रोएँ सिहरते,
दीपमाला गीत बन कर आरती गाती...
अलग आकाश मुझको तुम
अयाचित नागमणि बालेन्दु।

दहन की चिनगारियों से
भर चली अंजुलि सवेरे,
पुष्पिता माणिक लताएँ छवि बिछाए
घूमतीं वन बीच

अस्तव्यस्त आभूषित अकेली,
जा चुकी वह लूट ले जो रात :

लेकिन
शेष तुम
तिमिरांचल में एक स्मृति,
ज्यों चुरा ली हो
किन्हीं वर्जित पलों में पा अचानक
कालरूपी सर्प की
अनमोल, शापित, अमर समयातीत मणि शरदेन्दु।

अतृप्त ज्वार

सहज चुम्बन, सहज आलिंगन,
सहज-सी भूल :
थके मुख पर इस सफर की धूल।

कौन समझेगा कि कैसे नर्क से
मिला मुझको ज्ञान,
ईश्वर, गीत, आत्माभिमान?

वासना की घोर अन्धी तहों में
अनुभूतियों के सत्य
अपने में छिपाए वे अलौकिक तथ्य

जो ऐहिक सुखों के तीव्रतम क्षण में
समाहित हो अचानक
चौंक पड़ते किन्हीं सपनों से उझक।

हाय, छोटी-सी तलैया बँधी, गँदली,
क्या करे? सागर ललकता
जब कि अपने चन्द्रमा को छू न सकता।

सिद्ध वेदना

रंग का सोता रँगा घन तो नहीं,
वह किरण है प्राणद
उमड़ कर नभ-प्रवह स्रोतस्विनी-सी जो
खिलाती दग्ध मटियारे घनों में
इन्द्रधनुषी लहलही :

यह आग अंगीकार
उर्वर वेदना को
गगन उन्मुख कर
जगत पर दूर तक छा दे...

अलख वह किरण
मेरे पास है सतरंगिनी
जो दर्द से गुज़रे बिना खुलती नहीं।

अभिवादन

वन का हरितांचल नभ,
तारों से छलक रहीं नीली आँखें,
यह होनहार पीड़ा,
सुन्दरता से पहले पड़ने वाली छाया,
आ, तेरी भाग्य-किरण देखें :

प्रियरूप विश्व, सुन्दर अवयव,
धीरे धीरे जीवन भर तुमको पहिचाना,
इस ललित व्यथा के तार झंकरित होने दो,
संवेदनीय मेरी करुणा
मुझको दुगनी कर लौटाना :

बिखरा दूँ पामर रूप,
संवरित अंगों की नींवें धरती में पलती हैं,
जो उमड़ रहा घन अश्रुराग
धो दे गहरे में छिपी जड़ें,
मिट्टी छवि-राशि उगलती है :

तप-राख उठा कर पैरों से
मस्तक की शक्ति भभूत बना आभारी तन,
जलती हैं धुँआ रात काली,
चिनगारी व्योम भरे तारे बुझ जाएँगे,

समृद्ध करो ओछा जीवन :

ओ सुख के मायावी सपनों,
आराधित के प्रति तुम मेरा आह्वान बनो,
रवि रात हटा जीवन का उज्ज्वल मुख खोले,
मैं गीत रश्मि से करूँ जगत का अभिवादन,
तुम उत्तर की मुस्कान बनो।

द्वितीय खंड

चिटके स्वप्न

चिटके स्वप्न

एक ही अनुरक्ति तक संसार जीता है :
वह समर्पण है समझ का ज़िन्दगी को
जो किसी विश्वास तक
"मैं स्वप्न" को मरने नहीं देता,
किसी गन्तव्य तक
अस्तित्व को थकने नहीं देता...
वही है अन्त जब विश्वास मर जाता,
नहीं जब घोर माया
घाव मन के मूँद पाती है।

संगमरमर के गड़े स्तम्भ
जो देते किसी नभ को सहारा
ढह गए...
परछाइयाँ झरती रहीं जिद्दी पनपती घास पर
जो सदा बढ़कर छेंक लेती है
गिरे मीनार, क़ब्रिस्तान, खंडहर आदि...
जिसकी लहलहाती बाढ़ में
ऐश्वर्य कितने बह गए।

फिर भला कैसे न मानूँ वह वनस्पति ही अमर है
जो सदा बसती रही पिछली दरारों में समय की,
और जिसका दीर्घ आगत

पूर्ण रक्षित है हमारे गगनचुम्बी महल सपनों में...
...और हम इनसान हैं वह
जिसे प्रतिपल एक दुनिया चाहिए।

थोड़े से शब्दों में

एक अस्तित्व मिला,–
अन्धे को ले आँखें,
आँखों की सीमाएँ,–
अन्धकार सह्य हुआ,
मर्म मिला
दर्दों में :

एक अभिप्राय खुला,–
चित्रिक अंशुक शरीर,
पारदर्शी प्रकाश,
एक झलक अति सुन्दर
हिल मिलती
पर्दों में :

प्यास भरी आँखों में,
बालू की डालों पर,
झूल रहे वासन्ती
प्राणप्रद सरोवर,
पाँवों के नीचे ही
घनी छाँव
गर्दों में :

जीवन का पूर्ण अर्थ
कण कण में बँटा हुआ,–
अन्तहीन भाषा ज्यों
थोड़े से
शब्दों में।

टपकती बूँदें

बूँद बूँद टपक रही
गलती अग्नि शक्ति जल,

बहती है जीवन गति
करती कल कल कल कल,

गुप्त प्रतिद्वन्द्वी के
शत्रु पहर जीत रहे...

जीवित अक्षौहिणी,
कुतर रहे चोर पल।

एक दिन

रक्त के प्रकोष्ठ पल
निशा देहावसान

निशान्त

विस्फारित क्षितिज
नन्हा-सा नवोत्थान
जन्मोत्सव का कलरव
दीर्घायु दिवस
धीरे धीरे श्रान्त

जूझता अधोगति से
सूर वीर आयुष्मान्
परास्त

गीली चादर में लपेटे कुछ
सन्ध्या लोहूलुहान।

''कुछ नहीं'' वाली पहेली

इसी दिन की तरह हम भी भभक
बुझ जाएँगे चुपचाप,
ज्यों संसार का पल्ला पकड़ कर,
आग्रह से झूलता आलोक क्रमशः स्याह पड़ जाता।

किसी अनपढ़ी पुस्तक के समयहत पृष्ठ,
हम नुच जाएँगे, खो जाएँगे, बहती हवाओं में,
इसी दिन की तरह हो जाएँगे हम राख।

खोल दूँ यदि बन्द है जो मुट्ठियों में
''कुछ नहीं'' वाली पहेली,
क्या पकड़ में आ सकेगा
एक मुट्ठी धूल से ज्यादा कहीं कुछ?

अभी तो बूझ लेने का प्रलोभन,
शून्य से भी जूझ लेने का नियोजन,
फिर कभी क्या मिल सकेगा ज़िन्दगी में
ज़िन्दगी से भी बड़ा कुछ?

तन-पक्ष

उस ओर निविड़ फैले वन में
खग वायुरथी उड़ता जाता,
पंखों के मृदु आलिंगन में
आकाश शिथिल पड़ता जाता :

निष्प्राण समय आकार नहीं,
बँधते बँधते खुल जाता है,
जीवन अक्षय शृंगार नहीं,
पल में मिट्टी हो जाता है :

उस बहने में कुछ तथ्य नहीं
जिसका तट प्यासा रह जाए,
उस जीवन में सामर्थ्य नहीं
जो एक निराशा रह जाए :

जाने क्यों प्राणों में गाते
कुछ परिचित स्वर अच्छे लगते,
जीवन-नेपथ्यों से आते
वे शब्द अधिक सच्चे लगते :

ऐसा लगता है इनमें ही
जीवन का कुछ विश्वास छिपा,

अपनेपन के बन्धन में ही
मृत्योपरि स्वर्गाभास छिपा :

दुनियाँ दुहराई जाती है
चाहों में रख कर बार बार,
प्रश्नों में लाई जाती हैं
वे ही शंकाएँ बार बार :

ये नए नए भावी चेहरे
उत्सुक हैं अम्बर छूने को,
साँसों की लहरों पर ठहरे
आतुर हैं पंख मचलने को :

सौन्दर्यव्रती, यह क्लिष्ट व्यथा
काँटों, फूलों, तक रहने दो,
वह चोट, व्यक्तिगत मर्म कथा
सीमित अर्थों में सहने दो :

भर कर अन्तर में तत्त्वों का
आदिम उद्वेल तड़पना है,
दैहिक आशय में जीवन का
दैविक अन्वेषण भरना है :

तन में युग स्थापित अनुष्ठान
सन्तुष्ट वहाँ हो जाएगा,
जब मिट्टी का अनवरत दान
अपना याचक पा जाएगा :

प्रत्येक बिम्ब बलि जीव झुंड,
मन की अनेक आवृत्तियाँ हैं,

शव दाह प्रज्ज्वलित हवन कुंड,
इच्छाओं की आहुतियाँ हैं :

दो पल भी यदि हो पाए तो
जीवन को सुन्दर होने दो,
यदि व्यथा स्वप्न हो पाए तो
इस नींद बेखबर साने दो :

किन निराधार बलिदानों में
तुम सँजो रहे अन्धा भविष्य?
क्यों आग लगा कर प्राणों में
कर रहे जगत सारा हविष्य?

ये स्वर, अपने-से जो लगते,
सहसा विलीन हो जाएँगे,
ये पग जो अभी नहीं थकते,
चलते चलते थक जाएँगे :

दुर्द्धर्ष, सहज मन से जूझो,
संसार यहीं तक सहता है,
वे प्रश्न न जीवन से पूछो
जिनका उत्तर नभ देता है :

बन्धन का मुक्ति दुकूल वही
बहता जिसमें जीवन प्रवाह,
हो जाय न प्यासा जीवन ही
मरने से भी दूना गुनाह।

स्वीकार करो जो वर्तमान,
भावी के तुम भगवान् नहीं;

अनुभव से कहता आसमान...
पदचिह्नों में पहिचान नहीं :

खग वायुरथी उड़ता जाता,
नभ की मुट्ठी में प्राण कनी :
आकाश स्वयं सजता जाता,
तन पक्ष, अकिंचन व्योम, धनी।

स्खलित सृष्टियाँ

मुझमें अतीत संज्ञा निद्रित :
ये गर्भ पतित हिलते छिछड़े
किस स्रोत चिरन्तन से बिछुड़े?
चित्रों के हाव भाव संचित।

ओ प्रिय शशि मुख,
भाए दुहराए ऋतु मोहन,
गति में अवास,
इति में केन्द्रित...
तुम कौए नए-से लगते हो
सुख सम्मोहन?

यह अंधकार तो पहिचाना :
इस तम-प्लावन ने लाखों चाँद डुबोए हैं,
मेरे हों या औरों के हों,
अपने हों या गैरों के हों,
इसने अगणित पदचिह्नों को धरती के तल से धोए हैं :
देखो ये राहें दूरागत,
देखो यह राह दूरगामी,
यह जल पथ, थल पथ, अम्बर पथ,
क्षण जात, असम्भव, बहुनामी,
प्राचीन सनातन सम्बल के

छूटे स्मारक...पहिचाना :

मन्दिर, मस्जिद, गिरजा, सराय, तालाब, कुँआ...
यह रात करोड़ों थके बार
पद धुनी जा चुकी,
ओ प्रिय शशि मुख
उर्वशी, हेलेन, दमयन्ती, सीता, नूरजहाँ...
यह चाह करोड़ों मिटे बार
दृग चुनी जा चुकी :
बासी दुनियाँ
काफी सस्ती
हर बार नई
होकर बिकती :

मृतकों की चढ़ती गई पर्त,
हम चलते रहे चलाए-से,
हम जाते रहे बुलाए-से,
निभ गई मौत तक एक शर्त :

किसके विराट् इच्छाओं की
आवृत्तियाँ बँट कर बार बार
बन चुकीं सहस्रों अवचेतन?
हर व्यक्ति बिन्दु को केन्द्रित कर
हो रही सृष्टि पर सृष्टि स्खलित...

बँधे क़दम

राह पर बँधे क़दम
चलते लाखों संकेत :
हर पड़ाव मंज़िल,
हर गहराई कहीं रेत :

हर सन्ध्या को हिसाब लेता है अन्धकार...

कितने शव बाक़ी हैं?
कितने शव रहे खेत?

गिद्धों की बस्ती में

गन्दी दीवार पर
गिद्धों की बस्ती,
खाने को मिलती है
लाश यहाँ सस्ती;

बिछी बही पर,
रही सही पर,
किसी मुंशी की तरह
कन्धों के बल टँगे,
लाल रोशनाई से
चोंच क़लम रँगे,
ज़िन्दगी उलट-पलट,
खोल मूँद खाते,
आय और व्यय का
कुछ हिसाब बनाते।

एक दाँव

झुरमुटों के मुँह छिपाती साँझ :
ओज के टूटे हुए रेशे
पवन को छानते
निर्मूल लहराते;

रक्त से भीगी शिराएँ,
चू रहा दिल में समय का नीर
करता रंग फीका,
प्यार के जुल्मी थपेड़े
पूर्व परिचय खींच
मन झकझोरते :
कहते चाह के अपवाक्य :

एक मुट्ठी कौड़ियों-से श्वेत बगुले
व्योम पर फिंक कर खिले,
फिर खो गए;

मान लूँ यदि
नील अम्बर नखत आभूषण किसी का,
नौलखे अवतंस के ये प्राण मुक्ता श्वेत,
बढ़ते लक्ष्य तक शरवेग
गूँथे तन्तु, तिनकों, वायु के समवेत;

पवन के हल्के थपेड़े
विरत पत्तों बीच
स्मृति हलकोरते...
सहते आह के चुप वाक्य :

तरुवरों में छिप सिसकती साँझ :

एक मुट्ठी प्राण फिंक कर खिले,
खिल कर खो गए :

क्यों मान लूँ मैं और कुछ हूँ?
काल की लानत
बने क्यों समर्पित अक्षत?
एक रेखा आज कल की,
मौज दिल की, साँस, हिचकी;
मुस्कराता फूल?
या रंगीन चिथड़े
पंखुरी में प्राण क्षत विक्षत?

"आज मैं हूँ।"
"कल नहीं हूँ।"
एक निश्चय के अनिश्चित वाक्य।
दिन बुझा कर रात करती साँझ।

उस छोर पर

मोह की फीकी लकीरें
जो बिना बुनियाद उजले पत्थरों पर खिंच गई हैं,
गर्द ढुल कर साँस से धीरे
जो बिना आवास चिकनी दरारों में बस गई है :

लू, बहारें, शिशिर औ' बरसात,
इनको पोंछ कर
फिर बनाएँगी नया अनुपात
अणुओं का परस्पर :

हम, तुम और वे,
सभी भूगर्भ में छिप जाएँगे;
कहीं गति में दबे
हम बस चिह्न ही रह जाएँगे :

प्यार के मेरे तुम्हारे बोल
चुप भाषा बनेंगे प्रागैतिहासिक अमानव की,
कलेजा पत्थरों का खोल
चमकेगी हमारे हड्डियों की छाप भर हल्की :

हमारे पीठ पर इतिहास की भाषा लिखी होगी,

न कोई तब हमारा मर्म जानेगा,
न कोई तब हमारा धर्म मानेगा,
हमारे सभ्यता की व्याकरण तब मर चुकी होगी।

जागते स्वप्न

कभी लगता, खो गया हूँ,
और जिनके बीच मेरी वेदनाएँ डोलतीं असहाय,
अपने नहीं :

जैसे सो गया हूँ
नींद में कुछ कुछ समझता-सा कि असली भूख, असली हाय,
सपने नहीं :

जितना बँध गया हूँ
देह के प्रति, विश्व के प्रति; आत्मा के नियत लौकिक दाय
उतने नहीं :

ज्यादा थक गया हूँ
देख सूनाकाश; शायद पंख के बल आज भी निरुपाय
इतने नहीं।

डगमगाती शान्ति

विश्व झंझावात
कोलाहल न थमता
और यह एकान्त चुप
रुकता न थकता

इस तुमुल से दूर
मेरा स्वप्न कारावास
योगी चित्त का आवास
मेरी वासना के पास
जिसमें स्वयं-साधित
अनगिनत शृंगार ढकते घाव
अपने भाव रचते एक थिरता
क्रान्ति पर
उस बहुमुखी उद्भ्रान्ति पर
अपनी अकेली डगमगाती शान्ति।

धुँधले संकेत

बालू के ऊपर लहराता
गहरी सरिता का मीठा स्वर,
उदधि क्रोड़ तक :

लहरों के नर्तन परिवर्तन
बनते मिटते सिर धुन धुन कर
किसी तोड़ तक :

कोई संज्ञा शून्य पृष्ठ पर
लिखती जीवित द्युति संख्याएँ
किसी जोड़ तक

कितने प्रश्नोत्तर बन सकते
धूप छाँव में छिपे किसी
निर्दिष्ट मोड़ तक।

मिट्टी के गर्भ में

कुछ पल मिट्टी के जीवन में
मुझको खो जाने दो,
एक बीच इस दीर्घ गर्भ में
मुझको रख जाने दो;

धरती के अनादि चिन्तन में
एक अंश अकुलाए...

इस उद्भव भी एक विकलता
मुझको बो जाने दो।

एक आश्वासन

ठहरेंगे लहराते
दृग-दुरूह जीवन-पल
गहरे हैं उतराते
ऊपर से चिर-चंचल :

अन्तर के चिन्तन में
डूबे हैं दुख अनेक,
बहता चुप आँखों से
हकलाता मौन एक :

बोल रहे अंग अंग,
अन्तराल डोल रहे,
देख भाल कुल प्रसंग
जीवन को तोल रहे :

सीमित है सपनों की
यह चक्कर वाली हद
हल्के हैं अर्थप्राय
विनिमय के बोध शब्द :

आगत के सत्य पक्ष
उद्यत हैं खुलने को,

गति की सूनी सन् सन्
आतुर-सी थमने को :

इन सपनों का विराम
आएगा आएगा,
बनता यह वाक्य चित्र
पूरा हो जाएगा :

परिभाषित अभिलाषित
रंग रंग निखरेगा,
अस्फुट आलोकन का
पूर्ण अर्थ उभरेगा :

सब्र अभी...और सब्र...
जीवन को बहने दो,
किसी एक निर्णय तक
लहरों को बनने दो :

कोख से उगलने दो
लहरों की गुत्थियाँ,
निरुद्‌देश भँवरों में
नचने/फँसने दो यहाँ वहाँ,

धैर्य अभी, और धैर्य...
गति से मत जूझो थक,
नाहक निर्बोध एक
फीकी खामोशी तक

जीवन की एक एक
शर्त निभ जाने दो,

इच्छा के रंगारंग
पंख नुच जाने दो;

अंधकार बोल रहा
सपनों की भाषा में,
उद्बोधन सुप्त एक
जगने की आशा में,

मूल स्वप्न दृष्टा के
मन वाला कड़ुवा विष,
स्खलित हो जाने दो,
धुल जाने दो अन्तस :

और सब्र, और सहन...
निपट निर्बाध तुम
ढहने दो प्राणों पर
रक्त वीर्य मोह तुम,

सदियों के संचित संघर्ष
अर्द्धचेतन को,
कर लो स्वीकार अभी
पिछले कुल अर्पण को;

निश्चय खुल जाएँगे
सत्यों के उलझे बट,
ऐ मन, मिल जाएँगे
टकराते, घर के पट,

ठहरेंगे हँफते क्षण
जब भी सुस्ताने को

अपनी बेहोश परिस्थितियाँ
सुलझाने को,

घटनाओं से भारी
जब भी ये निथरेंगे,
मन की तह में विराट
जब ये निर्मल होंगे;

निश्चय ही तब तो कुछ
भेद खुल जाएगा,
अर्थहीन प्रश्नों का
कुछ हल मिल जाएगा :

और सब्र...और अभी...
अविश्राम चलने दो,
मत रोको जीवन गति,

हहराकर बहने दो...
नाहक, निर्बोध एक फीकी खामोशी तक...

स्वप्न चित्र

निशि परियाँ अलकों में
गूँथ नक्षत्र फूल,
देवपुरी से निकलीं,
पृथ्वी के सपनों में
देवराह गईं भूल,
लहरों की पेंगों में
सुधिविहीन रहीं झूल :

घुँघराली लहरों में
तन्द्रिल कल कल से वे
स्वर्ग धाम पूछ रहीं :
मदिरा छिछकारों से
सुन्न भोगी दुकूल :
चन्द अनियंत्रित पल
सपनों में फलीभूत
कुंठा के तिमिर मूल।

सुधियों की नग्न राह
आलिंगन में आतीं
मांसल सुख की पिपासु
स्वर्ग थकित थोड़ी सी
तामसी प्रवृत्तियाँ :

मँज जाती प्राणों की
जलन धूम्र वृत्तियाँ।

स्वागत में धरती ने
आदर से खोल दिए
स्वर्ग उपमाओं के
भू लुंठित कुछ विहार :
मय दानव रचित महल
खोह कन्दराओं में
देवकन्याओं की
हल्की फुसफुसाहट एक
अभय हुई :
अस्तव्यस्त वस्त्रों में
अर्धनग्न दबी हुई,
दानव से पूछ रही
कोई स्वरमूक देवि :
"ओ निडर,
ईर्ष्यालु देवों से परिचित हो?"
हँस कर उस एक आँख वाले तम दानव ने
उलझे तृण पात हीन टहनी-से बालों में
क्षितिज पर
मदारक्त
चन्द्र चक्षु खोला :
मींज धृष्ट हाथों से
दो गोरे पहाड़,
घाटी के कोमल स्पन्दन में
विह्वलांग
धीरे से साभिमान बोला :

"हाँ परिचित हूँ,
देहहीन विषयी कल्पनाओं की रूपव्याधि
किसके व्यभिचार से
देवों के चन्दन से
नन्दन वन पोषित है?
किन सीमाओं में
मुझसे ही पाई
वासनाएँ अदूषित हैं?
वे अनंग देवकुल
देह अभाव से व्याकुल जब तन माँगे?
गहरी अकुलाहट का
जब आसव उतरा कर

अमृत विष मन्थन हो...
विनिमय को तत्पर हो
जब उनकी गरल प्यास :
कहना तब उनसे "क्या दानव से परिचित हो?"

तरुण आसक्ति में
रति और गहन हुई,
देह सुख सीमा की
अन्तिम अति सहन हुई :

निर्पिपासु
ग्लानि गलित
लाजतीं सुवृत्तियाँ,
पीड़ित पर गर्भहीन
काँपतीं कुमारियाँ,

भोर के धुँधले में
चकराते दिवस रात्रि,

बीती हो अभी अभी
शिव की ज्यों महारात्रि :
उदली दूर्वादल पर
उठती अँगड़ाई ले
भुव शायी शमित प्यास :

बिखरे अवतंस कंठ
शबनम के मुक्ता दल,
सिक्ता की शय्या पर
अंकित हैं लहरों के
उदलन के अस्थिर क्षण,

बादल के रथ दल पर
जातीं निशि परियाँ अब,
थोड़े से सिकुड़े घन चिन्तन की रेखाएँ :
हर जगने वाले से कहता रसहीन "आज"...
"जीवन से परिचित हो।"

गहराइयों की ओर

स्वीकार करो, ओ स्रष्टा,
मेरी भी एक चुनौती...
यदि स्वाति बूँद सच्ची थी
तो सच्चा है यह मोती :

तुम व्योम पक्ष, मैं वस्तु पक्ष,
हम बँधे चेतना पल में,
वह चुप रहस्य सीपी सा
जो डूबा किसी अतल में :

मेरी सीमा में बन्दी
तुम एक अमूल्य धरोहर,–
वह तेज प्रकाशित रखता
जो यह सूना बन्दीघर :

तुम स्वप्नकार हो मेरे,
मैं तुम्हें केंद्र कहता हूँ,
अपने सपनों में तुमको
फिर बार बार रचता हूँ :

तुमसे मेरी सीमाएँ
बन क्षितिज वहाँ मिल जातीं...
जब सृष्टि तुम्हारी मुझमें
मेरा सपना हो जाती।

तृतीय खंड

शीशे का कवच

प्रश्न

तारों की अन्ध गलियों में
गूँजता हुआ उद्दंड उपहास...

वह मेरा प्रश्न है :

विशाल आडम्बर,
अपनी चुभती दृष्टि की गर्म खोज में मैंने
प्रश्नाहत जिस विराट हिमपुरुष को
गलते हुए देखा...

क्या वह तेरा उत्तर था?

चेतन के पीछे

तुम निज मनोविकार स्वप्न रच
निर्विकार निर्द्वन्द हो गए
मुझमें भर अपना भवसागर
स्वयं व्योम निस्पंद हो गए,

तेरी छायाओं के कौतुक
मेरे अन्तर्द्वन्द हो गए,
तेरी जड़ताओं से मुँद कर
प्राण प्रज्ज्वलित मन्द हो गए :

ओ सम्पूर्ण दृश्य के स्रष्टा!–
तेरी दृष्टि कहाँ मैं पाऊँ?

खुलते जिस जाग्रति से तम-पट
मेरे वे दृग बन्द हो गए :

धरती से उठ एक चेतना
बनती जीवन राग ज्योति पर...

द्युति अक्षर में लिखे शून्य पर
तुम अनचीन्हे छन्द हो गए,
बोकर विकल बीज मिट्टी में,
तुम सत् चित् आनन्द हो गए।

शून्य और अशून्य

एक शून्य है
मेरे और तुम्हारे बीच,
जो प्रेम से भर जाता है :

एक शून्य है
मेरे और संसार के बीच,
जो कर्म से भर जाता है :

एक शून्य है
मेरे और अज्ञात के बीच,
जो ईश्वर से भर जाता है :

एक शून्य है
मेरे हृदय के बीच,
जो मुझे मुझ तक पहुँचाता है।

छाया के दाग

तुम किस विषाद इतने उदास हे शरद इन्दु?
तुम किस नाते रोते तारों बन तुहिन बिन्दु?
किस मर्म गगन चुप? प्राणों को मथता रहता
कुछ कहने में असमर्थ अर्थ-गम्भीर सिन्धु?

चंचल मन मेरा नाप गया विस्तार अतल,
ब्रह्मांड निरीश्वर काँप गए जब दृग छल छल,
जब भी पूछा सपनों को ठहरा कर आशय...
आशंकित फूट पड़े पीड़ा से कातर पल :

× × ×

मूँदी आँखों से भी परास्त देखा तुमको,
किस लाज न जाने, पर छिपते देखा तुमको,
अदृश्य स्वर्ग की छाया में ओ सृष्टिकार!
है एक झलक नर्कों में ही देखा तुमको :

तुम वह प्रवाह हो जो टोका जा सका नहीं,
वह आतंकी सम्राट् कभी जो झुका नहीं,
हम बनते रहे तुम्हारे पग पर चढ़े फूल
तुम वह चलता निरपेक्ष चरण जो रुका नहीं :

ओ चुप रहस्य! तुमको युग युग गाया मैंने,
गढ़ दी विश्वासों की विराट माया मैंने,

पर जब मन ने विद्रोही बन लूटा तुमको
ऐ भेद, तुम्हें साम्राज्य-हीन पाया मैंने :

जब भी जीवन तामस निद्राओं से जागा,
जब जब घबरा कर वह वीरानों से भागा,
तुम दूर कहीं मृग की मरीचिका बने रहे
मृग ने हताश आकाशों में जीवन त्यागा!

मिट्टी का कण कण छानबीन खोजा तुमको,
हर ओर छोर झकझोर विकल खोजा तुमको,
हो कर दीवाना हर दीवानेपन में भी...
ओ घट घट वासी, कहाँ नहीं खोजा तुमको?

दृग तले तत्व बे-अर्थ अपूछे पड़े रहे,
नभ-वैभव के तारक-स्मारक गड़े रहे,
कोई खो गया अँधेरे स्वर्ग-खँडहरों में
जिज्ञासु, आर्त, ज्ञानी, कर जोड़े खड़े रहे :

मेरे सम्मुख मेरे आदिम संघर्ष पुनः,
मेरे सम्मुख लाखों प्रश्नों के चिह्न प्रवह,
छाया प्रकाश के बुने जाल का वह रहस्य—
उद्घाटन, जिसमें सदियों की बह गई सुलह :

× × ×

गति, जीवन की अन्धी जिज्ञासा बार बार,
पथ फूल, शूल, या धूल, नियति चलना विचार,
किन नए प्रतीकों से निर्दिष्ट समृद्ध करूँ?
किन कृतियों से संस्कृत हो कोरा अंधकार?

कहना अतीत : हम तुमको मंत्र बताते हैं,
कहता भविष्य : हम तुमसे आस लगाते हैं,
"पहले धरती को स्वर्ग बनाओ मेहनत से,
तुम देखोगे, देवता स्वयं बन जाते हैं।"

अक्षर

रेखाओं के फन्दे
कहते-से
अक्षर हैं :

निर्विरोध काग़ज़ पर,
बहते-से
सस्वर हैं :

बुद्धि भाव, रूप युक्त,
रहते-से
नश्वर हैं :

अभिप्रायों के वाहक,
संकेतों के द्योतक,
निर्विकार मेधावी,
उद्गारों की आँधी
रहते-से,
सागर हैं।

शीशे का कवच

नील पारावार।
तुम खड़े हो आज भी अपने हृदय को खोल,
अपने मौन, अपनी व्याप्ति में
लाखों युगों को घोल :
ठीक कहते हो, बड़ी है आत्मा...
तुम हमारे प्रश्न का विस्तार पर उत्तर नहीं हो :

हम बिठाते ही रहे देवालयों में ईश्वरों को,
हम उठाते ही रहे अन्तःकरण में दूर के अश्रुत स्वरों को,
हम खिलाते ही रहे तन-पंक में इन्दीवरों को,
हम बनाते ही रहे मन्दिर घरों को...
वह जिसे कुचला किया इतिहास
अपनी चाल से कर चूर,
वह जिसे पाता रहा विश्वास,
लेकिन ज़िन्दगी से दूर;
ऊँची धार्मिक इमारतों में तुम चुने पत्थर नहीं हो,
तुम हमारे प्रश्न का विस्तार पर उत्तर नहीं हो।

हर अलौकिक रूप पृथ्वी पर बिगड़ता ही रहा,
एक धब्बा हर उजाले पर सदा पड़ता रहा,
एक काँटा देह में सन्देह बन गड़ता रहा,
आदमी हर दिव्यता के बाद भी सड़ता रहा...

और बारम्बार पाया,
शून्य नीलाकाश
तुम ईश्वर नहीं हो,
तुम हमारे प्रश्न का विस्तार पर उत्तर नहीं हो।

मैं जानता हूँ...

मैं जानता हूँ तुम धनाढ्य हो,
और मैं एक भिखमंगे का सवाल हूँ :

हज़ारों आवाज़ें, हज़ारों चुप्पियाँ
बेदर्द यही कहती हैं,
"आगे अढ़ो...यहाँ क्या है।"
और मैं मानों
अज्ञात दिशा में नए दरवाज़ों की ओर
एक नाउम्मीद चाल हूँ :

मेरी बेअसर पुकारें
किसी हमदर्द को ढूँढती ही रहीं,
बार-बार यही लगा
कि जिसे कोई नहीं जानता
तुम वो पता हो,
और जिसे किसी ने न सुना
मैं वो हाल हूँ।

अजन्मे देवता

देवता, अब तू न मुझ पर रीझ,
बल थक जाएँगे तेरे।
न कर अपमान अपनी लघु कृपाओं से,
मुझे प्रिय दर्द ही मेरे।

अंतरंग अप्राप्य का,
तू व्योमवासी,
मैं कहीं पर एक कोई;
और वे नक्षत्र तेरे,
        फूल तेरे,
दीप अनबुझ आरती के :

दास मैं हूँ भुक्त कल का,
और कल के लिए मेरी प्यास,
ऐ अजन्मे देवता,
तू चिर मरण है,
सह नहीं पायेंगे तुझे ये प्राण,
मत मुझ पर झुका इतना कठिन एहसान,
बाधा विघ्न जीवन जात,
तू भय जात...

मत दे ज़िन्दगी से भी बड़ा वरदान!

बल घट जाएँगे तेरे,
बिना तेरी अव्यावहारिक दया के भी
दिवस निभ जाएँगे मेरे :
न होगा नष्ट तू मेरे बिना,
मैं नष्ट तेरे साथ भी हो जाऊँगा :

अगणित पुनर्आवृत्ति से भी सूर्य कब बासी हुआ?
कब रात कम मायाविनी?
कब सृष्टि कम मनभाविनी?
कब तुझ बिना या मुझ बिना
नभ भ्रष्ट, धरा असुहागिनी?
पृथ्वी सदा यूँ भी जननि
विश्राम विस्मृति दायिनी :

दूर तक इस रंगशाला के बदलते दृश्य
बैठे दार्शनिक तारे
बिना ऊबे अहर्निश देख डालेंगे
किसी भी अन्त तक
इतिहास की हस्तान्तरित जलती मशालें :

जन्म पाएँगे अभी तो और भी आशय,
अगर्भित पल फलेंगे फूल पर जब तक हमारे चिह्न
जब तक मिल रहा उसको हमारी देह का सिंचन,
हमारी बुद्धि का चिन्तन...

रहेंगे भीरु को कुछ भय सदा ही नाक तक घेरे,
अमर हम तुम न हो लेकिन
अमर अँधेरे अँधेरे...
न डर
निर्व्याख्या गहराइयाँ जब तक,

अलख ऊँचाइयाँ जब तक
कहीं
तब तक सुरक्षित देवता तू,
और सारी दया के आभार भी तेरे,
भले ही मैं यही मानूँ
अपाहिज देवता है,
शक्ति है विश्वास में मेरे।

ईश्वर का मनोवैज्ञानिक रूप

तुम इस जीवन के आगे मेरा निदान निश्चय हो,
घबरा कर जिसे रचा है वह महाशक्ति संचय हो,
है वहाँ काल का भय भी
कुछ फीका फीका लगता...
मेरे साहस के उद्‌गम! तुम मेरा अन्तिम भय हो!

सहज प्रश्न

इस बेड़े को आकाश और धरती के बीच
लहरों पर झूलने दो,
निस्तरंग कगार मेरे आवेश के थपेड़ों से भर जाय,
इस हेतु मेरी माया तुम खुलो,
लहरों का आवाहन करती रेतीली शाखाओं पर
मेरे उन्माद फूलो;

वह वसन्त है जिसकी पत्तियाँ नहीं झरतीं
केवल एक ज्वार आता है
और किनारे की सपाट बालू पर अपने हाथों से
लिखी लकीरें छोड़ जाता है,
उन्हें मत देखो, मत पढ़ो...
वह भाषा मानवीय नहीं...

हाथों पर खींचो लकीरें,
खंडहर पर फटी दरारें,
नदी की धारें,
सागर के किनारे...

इनका तारतम्य मत गढ़ो...
वह सम्बन्ध ईश्वरीय नहीं;
ये शंख, सीपी, चिकने पत्थर,

पदार्थ के इस भोले संसार में, मेरे उद्‌बोध, भूलो;
जीवन भरा-सा लगे
ऐसे प्रश्न पूछो...

अनथही गहराइयाँ

यह रात?
या ठहरा हुआ आघात?

ऊँचे पर्वत
दुस्तर कारा
कर्कश पत्थर
कोमल धारा
नभ में सहमा
तारा तारा
जल पर चन्दा
पारा पारा :

यह प्रातः?
या आह्लाद की बरसात?

खिलते धूप के बादल
अँधेरे पर्वतों पर तैरते
इस शृंग से उस शृंग पर
इन घाटियों में
चोटियों पर
छींटते रोली...

पत्थरों से ऐंठती धारा
नदी है रात वाली व्योम गंगा,
पत्थरों की चोट में यह स्वर्ग धुन
शायद विलासी इन्द्र के
दरबार वाली अप्सरा का गान :

इस कुन्दन मढ़े पथ पर
उतरती तरु जटाओं में उलझ मन्दाकिनी,
गहराइयों की गोद में
उस ओर
लहरों को बुलातीं
आँचली
माँ तुल्य छायाएँ :

विगता रात के सन्देश
जल पर तैरते तारे,
किनारे की भुजाओं में
उमड़ती पारदर्शी चेतना की शक्ति :

मेरे मौन,
मेरे धैर्य की प्रतिध्वनि,
इसी प्रत्यूष के हर अर्थ में
नीलाम्बर प्रतिबिम्ब,
ध्वनियों में पिरोई सैकड़ों गाँठें चमकतीं :

वैजयन्ती शब्दकण,
कुछ विश्ववत् गोलाइयाँ
निर्व्याख्या
नभ पर प्रतीक्षित फेंक दो
अन्तर्जगत की अनथही गहराइयों में

ईश्वरों को खोजती-सी :
औ'
अभागी रात के देखे हुए सपने
जला कर
प्रज्ज्वलित पीताम्बर-सा
खींच दो रवि तक
इसी निष्प्राण नीले व्योम शव पर...

गंगा-जल

फूट कर समृद्धि की स्रोत स्वर्णधारा से
छलकी
गंगा बही धर्मशील,
सूर्य स्थान था
जहाँ से मानव स्वरूप
कोई धर्मावतार
रत्न जटित, आभूषित, स्वयं घटित,
हिम के धवल शृंगों पर
आदिम आश्चर्य बना :

जनता का शक्ति धन
साधन धनवानों का...
उसी चकाचौंध में सज्जनता छली गईं,
धर्म धाक,
भोला गजराज चतुर अंकुश से आतंकित
अहंहीन दास बना,
शक्ति के ज्ञान की क्षमता भी चली गई :

ऐ मुक्त वन विहारी।
गर्दन ऊँची करो,
गंगा का दानी जल
लोक हित बहता है,

वंशज भगीरथ के,
उसका कल-कल निनाद
जन वाणी कहता है;
आओ, शक्ति बाँध
कमल वन के इसी क्रीड़ा जल में...
          अछूती गहराइयों में उतरें...
अवगुंठित बल से इस धारा प्रवाह में
भय विहीन
          विहरें,
देखें तो जीवन की दुर्दम दुख कारा में
सचमुच ही कौन दैत्य
सदियों से रहता है।

जन्मसिद्ध अधिकार

लपलपाता अंधकार,
ज्योति का अधिकार सविनय माँगता
कुछ भूमि :
          “नहीं दूँगा नोक भर स्थान”
          . . . कहता अंधकार :

पंच तत्वों की अपरिमित शक्ति
छल से बद्ध,
कौरवों की सभा हारी,
द्रौपदी-सी शिखा सहमी
प्रार्थना की एक मुद्रा-लौ,
ज्योति ओढ़े खड़ी शंकित
चेतना के बीच सहसा
खींच ले कब तमस-दुःशासन
अबल तन-वसन,
          “करो अब उद्धार,
          अन्तः ज्योति कृष्णाकार!”

लड़ रहीं दीवार पर उठ
कुछ धुआँ-परछाइयाँ,
सद्आत्माओं से युयुत्सु विकार बृहदाकार :

ज्योति के चलते किरण-शर
गिर रहा तम-रक्त लालोलाल,
साहस-सिक्त जुझाव प्रहार :
फिर पराजय :
फिर विजय :
बाज़ी बिछाओ,
फिर बिछे मेरा तुम्हारा
पूर्व परिचित
द्यूत
दुहराया हुआ संसार :
मेरे प्राण कटु अन्याय से आक्रान्त कर दो,
शौर्य्य मन का
गर्व जीवन का
अकेला ही लड़ेगा,
चोट खा कर जागता अभिमान
लेगा जन्म का अधिकार।

चतुर्थ खंड

चक्रव्यूह

वरासत

कौन कब तक बन सकेगा कवच मेरा?
युद्ध मेरा, मुझे लड़ना
इस महाजीवन समर में अन्त तक कटिबद्ध :

मेरे ही लिए यह व्यूह घेरा,
मुझे हर आघात सहना,
गर्भ-निश्चित मैं नया अभिमन्यु, पैतृक-युद्ध!

अस्तित्व के घेरे में

क्या यही प्रण था मेरा—हार मानूँगा नहीं?
चाहे चिर विदग्धता, चाहे शर-शय्या हो,
चाहे मँझधार बीच डगमग यह नैया हो,
हार हथियार डाल
हार पतवार डाल,
भय-जड़ बैठूँगा नहीं?—
दृढ़ पैरों ही से शिविर में लौटूँगा,—
तेजस्वी-मुख ही मैं विराट से भेंटूँगा?
क्या यही प्रण था मेरा?

यदि यही प्रतिज्ञा थी!—हार मानूँगा नहीं।
किसी भी परिस्थिति में घुटने टेकूँगा नहीं।
उज्ज्वल परिहारों से
कालिख का एक-एक अन्धकार मेटूँगा।

काश, यही होता एक जीवन का सुलझा सत्य,
सरल ही होते तब रण के कौशल प्रयोग
सरल धर्म होता तब लड़ना औ' मर मिटना,—
जीतना—हारना।
घात-प्रतिघातों का नपा-तुला, सर्वमान्य
एक आरम्भ, एक अन्त, एक बच सकना।

मानूँ क्यों न लेकिन मैं होती कुछ और भी गतिविधि हर जीवन की?
घटना हो?—क्रम हो?—
गले में पड़ी हुई बरबस गलबाँही हो?—
कर्मठ भुजदंड नहीं,
कृष्ण, भीष्म, कर्ण, नहीं,—
एक मुठभेड़ हो अनेक अजनबियों से?—
भ्रम हो?—उन्माद हो?—रोग हो?—कराह हो?—
या सिर्फ छीलन हो किसी अन्य गढ़न की?
सत्य औ' सनातन के वैदिक अध्यायों में,
पिछले महाभारत के युद्ध पर्यायों में
अन्तर हो कहीं कुछ?
हो यदि कायरता का कोई आधुनिक मूल्य?—
तर्क-युक्त, युग-सम्मत, वैज्ञानिक पक्ष एक?
युद्ध का कुल प्रसंग गीता से छोटा हो?
जीवन का सही वेद हिंसा से रीता हो?

तो भी यह धर्म-युद्ध? लड़ते ही जाना है?
बर्बर इतिहास यही,
क्रूर अट्टहास यही,
आगत की नस-नस में भरते ही जाना है?—
बनो क्रूर,
बनो वीर,
एक तसवीर—स्याह झंडों पर नर-कपाल—
मृत्यु-चिह्न, महाकाल,
बनते ही जाना है?
ओ मानव के विवेक—ओ विचार—
बुद्धि—ज्ञान—धैर्य्य—प्यार—
कुछ तो तुम्हारा भी होगा इतिहास कहीं?
जीवन, चंगेज़ों का केवल अट्टहास नहीं।

उत्सर्ग

हैं मुझे स्वीकार
मेरे वन, अकेलेपन परिस्थिति के सभी काँटे :

ये दधीची हड्डियाँ
हर दाह में तप लें,
न जाने कौन दैवी आसुरी संघर्ष बाक़ी हों अभी,
जिसमें तपाई हड्डियाँ मेरी
यशस्वी हों,
न जाने किस घड़ी की देन से मेरी
करोड़ों त्याग के आदर्श
विजयी हों :

जिसे मैं आज सह लूँ
कल वही देवत्व हो जाए,
न जाने कौन-सा उत्सर्ग
बढ़ अमरत्व हो जाए।

सम्भावनाएँ

वस्तुएँ जो चाहते हम और पाते भी,
चाह के समतुल्य वे आती नहीं;
पंख की सम्भावनाएँ जा कभी
स्वप्न के चल-क्षितिज छू पाती नहीं :

एक घटना-से मिले संसार के
किसी सादे पक्ष को माहात्म्य दो,
स्वयं हिस्से की परिस्थितियाँ सँजो
तुम किसी भी व्याख्या को मूल्य दो;

वह क्षितिज होगा किसी आदर्श का
तुम अनेकों दृष्टि से जिसका असम्भव,
क्योंकि तुम उस व्याख्या के मूल हो

सृष्टि जिसका व्यक्तिगत अनुभव...
सत्य होगा वह तुम्हारा स्वप्न जो
जिन्दगी को चाहने के योग्य कर दे,
हर ललकती दृष्टि के विश्वास में
जो निरन्तर खोज का उत्साह भर दे।

कवि का सृजन मंत्र

उसने जब चाहा
शून्य ठोस आकार हुए,
उसकी इच्छा से
बियाबान संसार हुए :

मैं भी जब चाहूँ उसकी कृति
आदिम संकल्प पुनः कर दूँ,
उस मूल्य शून्य में जो चाहूँ
अपना इच्छित आशय भर दूँ :

× × ×

जीवन के आसव को नश्वर से मुक्त करूँ
चेतन की चेतनता जड़ता से मुक्त करूँ
सुन्दर की सुन्दरता काया से मुक्त करूँ,
सपनों के बन्दी को निद्रा से मुक्त करूँ;

इस कारागृह से प्राण संकुचित मुक्त करूँ,
मन में कुंठा की फाँस न कोई रह जाए;
जागूँ, वह अन्तर्दृष्टि सृष्टि से मुक्त करूँ,
जाग्रति में कोई साँस न कड़वी रह जाए;

वह एक संयमित शक्ति
ब्रह्म के अर्थ बने;

वह एक संगठित मंत्र विचार
समर्थ बने;

एकाग्र चित्त जिसको ध्यानूँ
द्युतिमान करूँ :
चाहूँ तो एक बार जड़ को
भगवान करूँ!

सूना कैनवस

पृथ्वी आकर्षित करती है
अपनी जड़ताओं को,
पर आकाश प्रकाश न मुझको मरने देते
सरल मौत कुत्ते की।

उठते प्राण ऊब अकुला कर,
कीचड़ के आग्रह से चिढ़ कर,
हो न चेतना मैली...
छूने पंखुड़ियों से कोमल
रश्मि तितलियाँ,
किरणमयी,
मेरी मुट्ठी तारों से भर दे :

सरक रही भुरभुरी रेत निर्लिप्त समय की,
दुर्बल मोह जगह दे,
ढीला करो कसाव, और ढीलो बन्धन को,
समय झरे ज्यों निर्झर झर झर,
हरे भरे वसंत के पादप, अवढर पतझर...

देह धरातल या अम्बर तल,
जूझ शक्ति कण,
यही अमर प्रण,

ओ मेरे अन्तर की ज्वाला,
ढंकी राख से
तेजमयी,
मत बुझ, कुछ वर दे...

आ मैं तेरा आँच कलेवर
स्वच्छ माँज दूँ,
मेरी त्वचा झुलस जाने दे,
तुझे माँज दूँ, ओ धुँधले दैवी अंगारे,
एक धधकता चुम्बन छवि आरक्त,
कहीं जीवन पर प्रलयी
अंकित कर दे।

चित्र की चेतना

झील के शरमाए तट पर वृक्ष का आकार
गहन अभिलाषा लिये जैसे हिचकता प्यार :

बिछी जल पर श्वेत चादर नर्म शीशे की,
खड़ी नभ से उतर तल पर चाँदनी ठिठकी,
गोड़ देगी इन्हें आकर कल पवन बहकी,
सींच देंगी स्वप्न उर्वर रश्मियाँ रवि की :

जीवन-शक्ति चिटके दृश्य को लघु लहरियों से फोड़
देगी एक अनुपस्थिति अनेकों अंकुरों से जोड़ :

पत्तियों से छन रहा स्थूल का आकार,
चन्द्रमा में मुस्कराता मौन छायाकार

हैं सजग अन्तर्जगत की आवृत गहराइयाँ,
तैरतीं जिनकी सतह पर कुछ बुझी परछाइयाँ।

सवेरा

करोड़ों आँख वाली रात पर,
दानव सरीखी रात पर,
ताज़ा सवेरा :

पूर्व में आलोक...
पहला पाँव...
थोड़ा काँप कर :

रात चौंकी इस तरह
ज्यों छिप रही हो
कहीं कोई पुण्य-नाशक पाप कर :

ज्योति के पंजे ठहरते रात पर पैने,
घेर कर तम को उतरते आग के डैने,
चमकता सोनपंखी गरुड़ काले साँप पर :

वन्दना के स्वर उभरते,
हर्ष से पक्षी चहकते,
एक बावन किरण बढ़कर छा गई आक्षितिज,
तीनों लोक पग से नाप कर :

कई यादों सताई बात पर,
अब तक अखरती बात पर,
ताज़ा सवेरा।

कुछ ऐसे भी यह दुनिया जानी जाती है...

पागल-से, लुटे-लुटे,
जीवन से छुटे-छुटे
ऊपर से सटे-सटे,
अन्दर से हटे-हटे,
कुछ ऐसे भी यह दुनिया जानी जाती है :

अपनी ही रची सृष्टि,
अपनी ही ब्रह्म-दृष्टि,
ऊपर से रचे-रचे,
अन्दर से बचे-बचे,
कुछ ऐसे भी दुनिया पहिचानी जाती है :

स्वयं बिना नपे-तुले,
कण-कण से मिले-जुले,
ऊपर से ठगे-ठगे,
अन्दर से जगे-जगे,
कुछ ऐसे भी दुनिया अनुमानी जाती है।

मूल्य

संचय कर लेने दो वस्तु सार,
कहीं परिचय है मूल्यों से, परख कहीं;
भाव की परिवर्तिनी भाषा
मुझे अपने असल से आँक लेने दो यहीं :

ओ विक्रेता, वस्तुएँ सब बिकती हैं,
कभी अनमोल, कभी बिना मोल,
मूल्य चढ़ते हैं गिरते हैं, चीज़ मिट्टी है,
अवसर हर भार को देता है स्वयं तोल :

मैं द्रव्य हूँ : मौत की मुहर मुझ पर,
जीवन में चलता हूँ,
घिस जाने तक, खो जाने तक,
एक आन रखता हूँ

एक कसौटी है मुझमें
और एक पदार्थ है मेरे पास,
मैं वह संघर्ष हूँ जिसमें अभिनीत
दो मौलिक विकास।

जीवन में यथार्थ नहीं
दृष्टि भर मिलती है,
खरीदार सच्चा हो :
सृष्टि बेचारी तो सभी दाम बिकती है

दूरी के पास

दूरी तुम दूर नहीं, मेरी पुकार अक्षम है :
कोई विस्तार दृष्टि मुझ में ही कम है :

हर सपना जीवन की हलचल से टकराता,
खंड-खंड प्रतिध्वनि हो अम्बर में घुल जाता :

वही दर्द मुझको जो सूना कर जाता है,
जीवन की सिम्तों को दूना कर जाता है :

मेरे निःश्वास पिंड झपक रहे रात-दिन,
कई गुना हो विराट तारों की पंक्ति गिन :

छोटा-सा रजत-ढूह, जीवन की प्राण-अवधि,
झाँकती कपालों से इच्छा की निरावधि :

मन कातर हुआ, तभी देखा सन्ध्या उदास है,
अपनी से अधिक व्यथा औरों के पास है :

किरण आई, हर्ष से कौन क्षण रचा नहीं?
चली गई, कोई कण तड़पन से बचा नहीं :
जीवन को जीवन से मिल कर ही बल मिलता,
औरों में जी कर ही अपना सम्बल मिलता :

जीवन तुम तुच्छ नहीं, मेरी दृष्टि छोटी है,
तुम यदि निस्सार हो, मेरी परख खोटी है!

सूर्य-संतति

तुम मुझे बूझो
सुनो, मैं मौन हूँ :

बन रहे पद-चिह्न मैं गतिमान हूँ,
पर वन्दनाएँ थक रहीं भगवान से शायद बिछुड़ कर;
आज भी आसव अशव का भर रहा चुपचाप
प्राणों से निचुड़ कर :

जब विनय के फूल भर कर अंजुली में
मैं उठता हूँ किसी अभ्यर्थना में,
एक उत्तर तक सदा आभास रहता ईश्वर का
विश्व-दुख की अर्चना में :

है जिसे मिट मिट बनाया औ' बसाया,
फिर निभा लूँ अन्त तक आवास अपना,
जानता हूँ यह कहाँ तक साथ मेरे,
औ' कहाँ यह एक सपना :

मैं उठूँ मन-अतल मथ
सौन्दर्य के अस्फुट गगन तक,
तुम झुको आकाश!
मेरे प्यास की अमृत तहों तक :

शिव रहूँ मैं देह का हर पक्ष छू कर
मृत्यु तक मेरी विजय हो,
पी गरल जब जब मरण-सा व्योम नीला मैं लगूँ
तब तब उदय हो,
सूर्य-संतति!–
तुम मुझे मेरे सृजन में बूझना
मैं कौन हूँ।

मेरा सार

यही चाहा प्रौढ़ता से ज़िन्दगी निभ जाय,
सैनिकवत् नहीं आदेश परिचालित,
किसी गुरु मंत्र से दीक्षित
समर्थित भार यह उठ जाय मेरी शक्ति पर
संसार वह विश्वास हो
जो छोड़ जाऊँ मैं अजन्मे काल की फैली शिराओं में :

यही चाहा प्रश्न हो संसार
जिसका एक अपने ढंग का मैं बन सकूँ उत्तर;
खंडहरों-सी पितर-इतिहास की लोना लगी काया
ग्रहण कर पूर्णतः अपनी परिस्थिति में
उसे फिर दे सकूँ
कोई नया आकार :

हो न यह भ्रम
दूसरों का आसरा ताका,
लड़ा
क्योंकि मुझको और कोई था न रस्ता,
चला,
क्योंकि चलना ही सहज आता,

कठिन सम्पर्क से अपने,

सिकुड़ती ज़िन्दगी को
दे सकूँ मैं स्वयं से आगे
किसी अमरत्व का विस्तार :

वृक्ष की बुनियाद से जोड़ा हुआ पत्ता,
पतझर औ' वसन्ती गिरह के आगे
समझ लूँ प्रकृति का निर्णीत घटना क्रम,
निकलना और झरना सृष्टि के संदर्भ में,
कुछ इस तरह
अपनी नियति में पूर्ण का प्रतिनिधि...
अनिश्चित गति कहीं हो सार्थक,
मेरा निजी व्यवहार जब इतिहास हो :

समझ लूँ
मौत के आक्षेप के आगे
प्रकृति के सर्वव्यापी नियम मुझमें नियति,
मुझसे प्राप्त
मेरा शेष
मेरा सार!

बीज, मिट्टी और खुली जलवायु

ज़िन्दगी की कुछ जड़ें हैं
जो सहज ही जकड़ लेतीं भूमि,
कुछ फैलाव भी है
माँगते जो प्रतिक्षण आकाश।

ज्योति की चंचल उँगलियाँ
खोल सकतीं कहीं तम में बन्द
आदिम प्रस्फुटन के द्वार...

दास, जब तुम किसी को आराध्य करते हो,
तुम मुझे कुछ सोचने पर बाध्य करते हो...

पूज्य मिट्टी है मगर पत्थर नहीं,
कर्मभोगी आदमी बंजर नहीं,
मत इनसान को शिशु भयों से घेरो,
उसे पूरी तरह तम से निकलने दो;

कुछ चमकता है स्वयं भगवान-सा, पाकर प्रकाश!
चेतना का न्यून अंकुर,
मनुजता की सहज मर्यादा,
उपजने दो खुली, सन्तुष्ट, रस जलवायु में,
क्योंकि विकसित व्यक्ति ही वह देवता है

इतर मानव जिसे केवल पूजता है;
आँक लेगा वह पनप कर
विश्व का विस्तार अपनी अस्मिता में,...
सिर्फ उसकी बुद्धि को हर दासता से मुक्त रहने दो।

कृतत्व : ढलती मिट्टी

लोहे की रात,
पीतल के दिन,
चाँदी की रात,
सोने के दिन

बातों ही बातों में
ऐसे ही लदे फँदे
बोझीली रातों में
स्वप्न खंड गुज़र गए,
लोहे के तिमिर पंख
पलकों पर ठहर गए;

माँगती प्रभातों को जीवन की भूखी अति,
झुँझलाती दीपशिखा आलिंगित तम के प्रति;

किसी तरह एक ज्योति
जीवन से बाँध जा
अनासक्त
रातों को
आँखों के तारों ही तारों में लाँघ जा...

एक सैलाब,

कृतत्व के युवा वर्षों,
प्राणों की अमिट छाप यहीं कहीं रह जाए;

तीव्र आलिंगन के बाहुस्पर्श,
देखो तो धरती यह
कहाँ कहाँ मसक गई
फूट पड़े रन्ध्रों से
कहाँ कहाँ प्राण पुंज...

अटूट क्रम

क्या ज़रूरी है कि यह मालूम ही हो लक्ष्य क्या है?
अनवरत संघर्षरत इस ज़िन्दगी का पक्ष क्या है?

क्या बुरा है मान लूँ यदि
चाल का सम्पूर्ण आकर्षण अनिश्चित मार्ग
जिसका अन्त है शायद
कहीं भी,
या कहीं भी नहीं।

दृष्टि में आलोक इंगित, एक तारा,
ग़ैर राहों में भटकता एक बंजारा,
समझ लूँ शान से

हर क्षण हमारा घर
कहीं भी
या कहीं भी नहीं।

क्या बुरा है यदि किसी क्षण से अचानक
प्रस्फुटित हो एक प्रगल्भ बहार-सा मूर्छित वनों में
पुनः अपने बीज के भवितव्य ही तक लौट आऊँ...
और अगला क़दम हो मेरा उठाया क्रम

कहीं भी,
या कहीं भी नहीं।

स्वयं की अभिव्यक्तियाँ

क्या यही हूँ मैं!
अँधेरे में किसी संकेत को पहिचानता-सा?
चेतना के पूर्व सम्बन्धित किसी उद्‌देश्य को
भावी किसी सम्भावना से बाँधता-सा?

स्याह अम्बर में छिपी आलोक की गंगा कहीं
हर रात तारों से टपकती अनवरत,
नींद के परिवेश में भी सजग रहती
चेतना की, स्वप्न बन, कोई परत :

कौन तमग्राही कठिन बेहोशियों में
भोर का सन्देश भर जाता?
कौन मिट्‌टी का अँधेरा गुदगुदा कर
फूल के दीपक जलाता?

क्या यही हूँ मैं!
उजागर इस क्षितिज से उस क्षितिज तक जागता-सा?
एक क्षण की सिद्ध, प्रामाणिक, परिष्कृत चेतना से
युग-युगों को माँजता-सा?

चक्रव्यूह

युद्ध की प्रतिध्वनि जगाकर
जो हज़ारों बार दुहराई गई,
रक्त की विरुदावली कुछ और रँगकर
लोरियों के संग जो गाई गई,–
उसी इतिहास की स्मृति,
उसी संसार में लौटे हुए,
ओ योद्धा, तुम कौन हो?

× × ×

मैं नवागत वह अजित अभिमन्यु हूँ
प्रारब्ध जिसका गर्भ ही से हो चुका निश्चित,
अपरिचित ज़िन्दगी के व्यूह में फेंका हुआ उन्माद,
बाँधी पंक्तियों को तोड़
क्रमशः लक्ष्य तक बढ़ता हुआ जयनाद :

मेरे हाथ में टूटा हुआ पहिया,
पिघलती आग-सी सन्ध्या,
बदन पर एक फूटा कवच,
सारी देह क्षत-विक्षत,
धरती–खून में ज्यों सनी लथपथ लाश,
सिर पर गिद्ध-सा मँडला रहा आकाश...

मैं बलिदान इस संघर्ष में

कटु व्यंग्य हूँ उस तर्क पर
जो ज़िन्दगी के नाम पर हारा गया,
आहूत हर युद्धाग्नि में
वह जीव हूँ निष्पाप
जिसको पूज कर मारा गया,
वह शीश जिसका रक्त सदियों तक बहा,
वह दर्द जिसको बेगुनाहों ने सहा।

यह महासंग्राम,
युग-युग से चला आता महाभारत,
हज़ारों युद्ध, उपदेशों, उपाख्यानों, कथाओं में
छिपा वह पृष्ठ मेरा है
जहाँ सदियों पुराना व्यूह, जो दुर्भेद्य था, टूटा,
जहाँ अभिमन्यु कोई भयों के आतंक से छूटा :
जहाँ उसने विजय के चन्द घातक पलों में जाना
कि छल के लिए उद्यत व्यूह-रक्षक वीर-कायर हैं,
—जिन्होंने पक्ष अपना सत्य से ज्यादा बड़ा माना—
जहाँ तक पहुँच उसने मृत्यु के निष्पक्ष, समयातीत घेरे में
घिरे अस्तित्व का हर पक्ष पहिचाना।

●●●